MANUAL DE ACTIVIDADES

La mochila de mi CALMA

By **MARÍA ESTELA EDWARD**

snow fountain press

INTRODUCCIÓN

Después de ofrecer el libro: *My calming backpack / La mochila de mi calma* de María Estela Edward con ilustraciones de Alynor Diaz, traemos este manual que orienta los objetivos y actividades que se promueven en él.

Con este manual como guía, su autora, María Estela Edward, nos ayuda a comprender las necesidades educativas de nuestros niños y a concienciarnos sobre la urgencia de que seamos nosotros, con la capacidad empática que tenemos con nuestros hijos o alumnos, los que podamos dar respuesta a las necesidades que presentan.

Este manual consta de una variedad de actividades que padres, maestros y terapeutas pueden utilizar con los niños, ofreciendo a todos una participación activa. Las actividades seleccionadas involucran las principales áreas de desarrollo requeridas en los primeros años de la niñez, además de estimular el amor por la lectura desde edades muy tempranas.

Asimismo, las actividades que se sugieren en este manual permiten su adaptación a las necesidades individuales de cada niño, la edad, y el medio donde se desarrolle, teniendo en cuenta la cultura.

Integrando cada uno de estos sencillos y fáciles ejercicios de manera intencionada se pueden trabajar: la interacción social, comunicación y lenguaje, la vulnerabilidad emocional, la flexibilidad conductual, el estilo de aprendizaje, habilidades matemáticas; con ellos, los maestros pueden hacer una integración eficaz de la lectura asegurando una comprensión absoluta de la misma.

Buscamos que, a través de las estrategias sencillas y eficaces que se ofrecen, nuestros niños logren el acceso a la educación en igualdad de oportunidades; es decir una educación inclusiva real.

MANUAL DE ACTIVIDADES

Primera edición marzo 2021
©2021, María Estela Edward

Snow Fountain Press
25 SE 2nd. Avenue, Suite 316 Miami, FL 33131
www.snowfountainpress.com
ISBN: 978-1-951484-67-5

Dirección editorial: Pilar Vélez
Corrección de textos: Marina Araujo
Diseño y diagramación: Alynor Diaz

TABLA DE CONTENIDO

1. El juego de la calma

Edad: 2 a 5 años.

Este juego se puede adaptar a otras edades, al tiempo y capacidades de cada uno. Incluso para los adultos es excelente actividad.

Objetivo: trabajar la concentración, la conciencia del propio cuerpo, el autocontrol y el refinamiento de los sentidos.

Actividad: vamos a abrazar un árbol, planta, compañero, maestro u oso de peluche. Les vamos a decir a los niños que cierren sus ojos, se queden quietos como una planta y simplemente sientan y escuchen lo que pasa a su alrededor y en su interior.

Les explicaremos que será rápido y que nosotros les dejaremos saber cuando hayamos contado hasta veinte para que abran los ojos. Lo podemos hacer utilizando un instrumento musical o reloj de arena para marcar el comienzo y el fin del silencio. Por ejemplo, podemos usar un tambor. Se toca para iniciar, se suspende durante el tiempo de silencio y luego se vuelve a tocar para indicar el final.

Se puede empezar con quince segundos e ir aumentando a medida que los niños aguanten más tiempo en silencio.

Se puede hacer un turno y luego repetir (es mejor que se queden con ganas de más y no que sientan que ha sido poco tiempo).

Al terminar, quien quiera puede compartir cómo se ha sentido y qué ha escuchado durante el silencio.

2. Respiración consciente con mi barco de papel

Edad: 2 a 5 años.

Objetivo: entrenar a los niños por medio de una actividad divertida a respirar de una manera consciente.

Actividad: vamos a crear con el niño un barco de papel, y lo motivamos para que lo decore a su gusto.

Luego, vamos a decirle que se recueste en el piso y coloque el barco sobre su ombligo. Al principio solo dejamos que los niños experimenten, por ellos mismos, el subir y el bajar del barco como si estuviera movido por olas.

Después, la maestra puede dirigir la respiración: subir en tres tiempos y bajar en tres tiempos, e ir aumentando los tiempos poco a poco.

3. Las letras en la espalda

Edad: 3 a 4 años.

Objetivo: identificar las letras aprendidas en clase.

Actividad: es bastante habitual que a los niños les gusten las cosquillas y este juego es ideal. Se tienen que dibujar las letras en la espalda con el dedo, ¡y solo hay que adivinar de cuál letra se trata! Se concentrarán mucho y además disfrutarán de una sesión relajante de cosquillas en la espalda.

Puede jugar el maestro con el niño o se pueden formar parejas de amigos y alternarse en turnos.

Esta actividad favorece el aprendizaje y la relajación.

4. Letras con premio

Edad: 4 años.

Objetivo: identificar el sonido de las letras. La maestra puede usar palabras de *La mochila de mi calma.*

Con este juego tratamos de que los niños vayan identificando poco a poco las letras que componen una palabra.

Actividad: para ello necesitamos unos simples vasos de papel o cartón, unas etiquetas en las que escribir las letras del abecedario y un rotulador. En unas tarjetas escribe palabras sencillas que el niño pueda identificar. El juego consiste en averiguar la letra por la que empieza la palabra que hay en la tarjeta. Antes de iniciar la partida se deja un pequeño objeto (una figurita, por ejemplo) bajo el vaso que tiene la letra inicial del vocablo. El niño sabrá que ha acertado si al retirar el vaso encuentra la sorpresa.

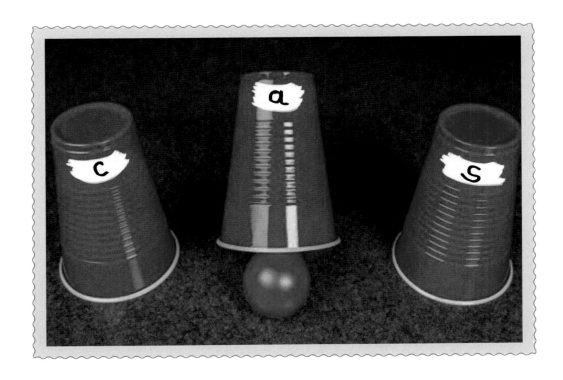

5. Detective de actividades que me dan tranquilidad

Edad: 2 a 4 años.

Objetivo: identificar, a través de imágenes, actividades que generen calma.

Actividad: el maestro, previamente en el patio de recreo (o el área elegida), pegará imágenes que producen calma y otras que no; hará copias según el número de niños, el niño elegirá todas las actividades que produzcan calma, las colocará en una cesta y luego en clase compartirá sus imágenes en un montaje.

6.   Encuentra la llave correcta que abre el candado

Edad: 3 y 4 años.

Objetivos: identificar cantidades con los números del 1 a 10.
Seguir instrucciones de una manera acertada.
Aprender a manejar la ansiedad.

Actividad: consiste en tener 10 candados con 10 llaves. Cada candado tendrá un número del 1 al 10, y cada llave tendrá cantidades de puntos del 1 al 10. Los niños deben descubrir cuál es la llave de cada candado al juntar la cantidad de puntos con el número correspondiente.

Como esta actividad, en ocasiones, les produce a los niños ansiedad o frustración, se les dice que deben soplar burbujas después de cada vez que intenten abrir un candado.

1

2

3

4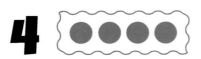

5

6

7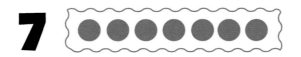

8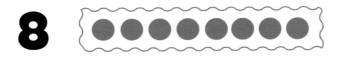

9

10

7. Mi amiga la telaraña

Edad: 2 años.

Objetivo: ayudar a la adaptación de los niños en sus primeros días de clase.

Actividad: para esta actividad solo necesitamos un rollo de lana y que todo el grupo de niños y niñas se siente en círculo. El maestro empieza, toma la punta de la lana, dice su nombre en alto y una característica suya que le defina, por ejemplo: «Mi nombre es Lucy y me gusta mucho dibujar».

A continuación, coge la punta del hilo y le pasa el ovillo a un niño de manera aleatoria para que este haga lo mismo y así sucesivamente. Al finalizar todas las presentaciones, se habrá formado una telaraña entre todos los niños. Esto representará la unión entre ellos.

.

8. Dibuja a tu compañero

Edad: 3 a 5 años.

Objetivos: ejercitar la capacidad de representar a otras personas en un papel, de definir el carácter de alguien y comprobar si la otra persona se ve reflejada en lo que se ha creado de ella. Ayudar al niño a descubrir el significado de la empatía.

Actividad: esta actividad consiste en que cada niño escriba su nombre en un papel. Posteriormente, el maestro recoge todos los papeles y asigna al azar un nombre a cada niño (la maestra puede usar fotos para los más pequeños que aún no saben leer). Este tendrá que dibujar al compañero que le haya tocado y hacer una pequeña descripción de su carácter, al lado. Después, se entregará cada dibujo al niño correspondiente. Los niños más pequeños pueden explicar con sus palabras lo dibujado.

Escribe o dibuja tu nombre

9. El juego de los zapatos

¿Recuerdas el momento en que el hermano de Lucy recordó cuando él aprendió a montar en su bici?

Edad: 3 y 4 años.

Objetivo: ejercitar la capacidad de ponernos en el lugar de los demás.

Actividad: esta actividad consiste en sentar a todos los niños en círculo y hacer que se pongan los zapatos de quien tengan a su derecha. De este modo simbolizamos la expresión: «ponerse en los zapatos del otro». Acto seguido, cada niño tendrá que responder a unas preguntas que hará el maestro, pero con la condición de responder según lo que diría el niño de su derecha (es decir, el compañero que le ha prestado los zapatos). Por ejemplo: si el facilitador pregunta a un niño cuál es su color favorito, este tendrá que responder según lo que cree que diría su compañero.

10. La caja come-miedos

¿Recuerdas cuando a Lucy le daba miedo meterse a la piscina?

Edad: 3 a 5 años.

Objetivo: manejar los miedos a través de actividades simbólicas.

Actividad: uno de los primeros pasos para afrontar los miedos es reconocerlos. En esta actividad te proponemos confeccionar una caja gigante, decorarla y colocarla en un lugar alto de la clase. Este será el depositario de nuestros miedos, que pueden representarse a través de relatos escritos por los alumnos o mediante dibujos. Después puedes leerlos y ponerlos en común para ayudar a los niños a relativizarlos.

La caja puede ser decorada por todos los niños de la clase.

.

La caja come-miedos

11. Un concurso de monstruos

Edad: 3 a 5 años.

Objetivo: ayudar a los niños a identificar sus propios miedos.

Actividad: la maestra puede empezar preguntando lo siguiente: ¿Qué les da miedo? ¿Cómo se imaginan a los monstruos? En esta actividad proponemos que los alumnos dibujen su propio monstruo imaginario. Al acabar, pueden ponerlos en común e inventar un nombre. ¿Es el monstruo tímido o el monstruo peludo? Quizá es un monstruo risueño y en realidad, ¡no da tanto miedo!.

12. ¿Por qué llueve?

¿Recuerdas que Lucy y su hermano no pudieron ir a comer su helado por que empezó a llover?

Edad: 2 a 5 años.

Objetivo: descubrir por medio de una pregunta abierta, y a través de diversas experiencias, por qué llueve

Actividad: para desarrollar esta actividad necesitamos los siguientes materiales:

- Vaso de cristal
- Agua
- Crema para afeitar
- Colorante de comida azul
- Gotero

Apoyarse con material en donde se expliquen los tipos de nubes.

Llene el vaso con agua casi al tope; luego, cubra la parte superior con una «nube» de crema de afeitar; posteriormente, deje que los niños derramen gotas del colorante azul en la crema de afeitar. La «nube» no dejará caer las gotas hasta que esté lo suficientemente llena y ya no pueda sostener el colorante, es así como se podrá ver el fenómeno de la lluvia.

Preguntas para la reflexión

- ¿Qué son las nubes?
- ¿De qué color son?
- ¿De qué piensan que están hechas las nubes?
- ¿Qué tipos de nubes hay?
- ¿Han visto cómo se mueven las nubes?
- ¿Quién las mueve o por qué se mueven?
- ¿Por qué llueve?

13. Receta de una Banana Split

Edad: 2 a 5 años.

Objetivos: leer por medio de pictogramas. Seguir instrucciones a través de imágenes. Desarrollar el pensamiento matemático por medio de una receta

Ingredientes:

Preparación:

Introduce el 🍌 en la 🧊 durante 20 ⏰

Coloca el 🍌 semi congelado en un 🍽️

Agrega las bolas de 🍦 añade el 🍫🍓

Decora con las 🍒

14. Mi rutina diaria

¿Recuerdas que a Lucy la angustian las situaciones inesperadas? Un horario nos ayuda a estar más tranquilos, ya que nos permite anticipar las actividades que van a pasar durante el día.

Edad: todas las edades pueden participar.

Objetivo: crear con los niños rutinas que lo ayuden a crear un ambiente de seguridad y confianza.

Actividad: a continuación te enseñamos las rutinas de Lucy, la protagonista del cuento *La mochila de mi calma*. **Completa las frases:**

La rutina de Lucy

1. _____ (despertar) a las siete.

2. _____ (duchar) a las siete y diez.

3. _____ peinarse.

4. _____ (desayunar) con su hermano.

5. _____ (cepillar) los dientes.

6. _____ (salir) de casa a las siete y media.

7. coger el autobus e_____ (ir) a la escuela.

8. Las clases _____ (terminar) a las cuatro.

9. Por la tarde _____ (estudiar) con sus amigos.

10. Ella _____ (visitar) Pepe en el Hospital.

11. _____ (jugar) a voleivol.

12. Ella siempre _____ (pasear) a su perro antes de cenar.

Ahora te invitamos a crear tu propia rutina:

15. El regalo

¿Recuerdas el regalo que Melvin le dio a su hermana?

Edad: 2 a 5 años.

Objetivos: ejercitar la motricidad fina. Identificar los colores que nos producen calma.

Actividad: cada niño va a pintar una caja; para ello, seleccionará un color que le produzca calma.

Las cajas pueden ser de jabón, de crema dental, entre otras. Luego, se le dará al niño papel de regalo y pegamento y él empacará su caja; después, elegirá un compañero para regalarla. Al entregarla, el niño le dirá: «te regalo el color que me produce calma». Ejemplo: «Merlyn, te regalo mi color verde, el cual me produce calma».

Edad: 2 a 5 años.

Objetivo: ayudar al niño a identificar sus logros alcanzados.

Actividad: invitar al niño a identificar sus logros por medio de un dibujo.

Dibuja o escribe lo que consideras ha sido
el mayor logro que has conseguido.

Mi mayor logro

17. Mi espejo mágico

Edad: 2 a 5 años.

Objetivo: identificar que somos seres únicos y valiosos.

Actividad: esta actividad consiste en entregarle un espejo a cada niño y animarlo a que describa todo lo que ve allí. Pueden ser tanto sus características físicas como de su personalidad.

Escribe o dibuja todo lo que ves de ti en un espejo.

18. La mochila de mi calma

Edad: 1 a 5 años.

Objetivo: identificar todas las cosas que te ayudan a tener calma.

Actividad: recorta y pega dentro de la mochila que verás a continuación, todas las cosas que te ayuden a tener calma en momentos de ansiedad para ti.

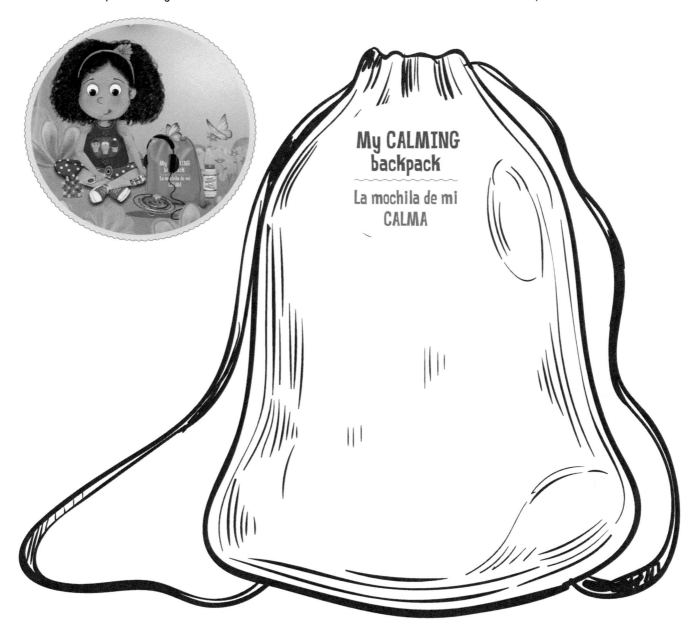

My CALMING backpack

La mochila de mi CALMA

19. El libro de mi nombre

¿Recuerdas cómo se llamaban los protagonistas del cuento La mochila de mi calma?

Edad: 2 a 5 años.

Objetivos: identificar las letras de los nombres de los protagonistas de la historia

Reconocer y escribir las letras de su nombre propio.

Actividad: en «El libro de mi nombre» podemos realizar muchas actividades como las que proponemos en las siguientes páginas.

Decora tu nombre y el de la protagonista de la historia

Mi maestra escribe el nombre de la protagonista de la historia así:

Yo escribo su nombre así:

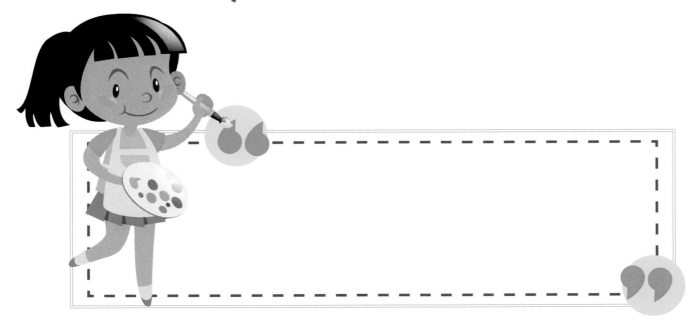

¿Es niño o niña? Corta y pega el letrero correcto:

NIÑO

NIÑA

¿Cuántos nombres tengo?

Mi nombre es:_____

Observa tu nombre y subraya con rojo cada palabra

¿Cuántos nombres tienes?

1

2

3

4

La primera letra de mi nombre

Yo me llamo: _____

¿Sabes con qué letra empieza tu nombre? Pide a tu maestra escribirla y píntala con distintos colores o crayolas:

La primera letra de mi nombre

Tu nombre es:_____

Fecha: _____

Resuelve el laberinto y luego escribe tu nombre en las líneas punteadas.

Escribe aquí tu nombre:

· ·

Encontrando mi primera letra

Tu nombre es:_____

Fecha: _____

Busca en una revista muchas veces tu letra inicial, recórtalas y pégalas aquí:

¿Cuántas encontraste?

Encontrando mi primera letra

Tu nombre es:_____

Observa los personajes de la televisión y películas, ¿los conoces? ¿cuáles te gustan? Descubre qué personajes comienzan con tu misma letra inicial y coloréalos:

20. Opciones de la mochila de mi calma

Edad: 2 a 5 años.

Objetivos: identificar distintas emociones y ayudar a los niños en su autocontrol.

Actividad: con las opciones de *La mochila de mi calma* podemos realizar diversas actividades como las siguientes.

¿Qué puedo hacer cuando estoy enfadado?

¿Qué puedo hacer cuando siento miedo?

¿Qué puedo hacer cuando un ruido me molesta?

¿Qué puedo hacer cuando siento ansiedad?

¿Qué puedo hacer cuando me siento frustrado?

¿Qué puedo hacer cuando me siento preocupado?

Made in United States
Orlando, FL
22 January 2022

13896644R00027